LE
MANDAT POLITIQUE

PAR

UN ÉLECTEUR

Du 1er Canton de Nimes.

Prix : 40 Centimes.

NIMES

IMPRIMERIE ROGER ET LAPORTE

Place Saint-Paul, 5

1874

AVANT - PROPOS

La presse républicaine de notre département s'est divisée récemment sur une question de doctrine ; il fallait s'y attendre. Si notre confrère le *Midi* poursuit le même but que nous, avec le même désir de voir triompher la cause républicaine, avec la même impatience à supporter les mauvais jours, avec la même espérance, et la même ardeur à la lutte, il n'en est pas moins vrai que sur plusieurs points nous différons essentiellement d'opinion.

Est-il bon, est-il prudent, d'engager sur des questions de détails, ou de personnes, des polémiques que l'esprit méridional rend trop souvent acerbes et irritantes ? Qui ne voit, parmi nous, que ces discussions stériles, compromettantes même, font la joie de nos adversaires ? Il faut y faire trêve, l'intérêt de notre parti l'exige, et pour ma part, si je réveille une querelle, vieille déjà de quinze jours, c'est pour prier notre confrère d'éviter dans l'avenir tout ce qui pourrait faire croire à notre division.

Quand on a l'honneur d'appartenir au parti républicain, j'estime qu'on ne doit point violenter les consciences, et molester la liberté d'autrui ; on ne s'impose pas, on persuade, on s'efforce de convaincre, et, comme il faut une solution, c'est à la majorité qu'on doit la demander. Lorsqu'un désaccord sur une question de doctrine survient entre nos amis et nous, notre devoir est de combattre à armes courtoises, et de ne faire appel dans cette conjoncture, qu'à la logique et à l'équité ? Est-il sage, je le demande, de faire de l'esprit aux dépens de ses alliés ?...

Le mandat impératif vous épouvante ? Etudions ensemble la question, allons au fond des choses, et voyons si notre désaccord n'est pas plus apparent que réel. Au moyen-âge, on disputait sur un mot et plus d'une fois le sang a coulé dans l'Orient au sujet d'une interprétation à donner, ou d'un être à qualifier. Grâce au ciel, nous ne sommes ni à Byzance ni à Ephèse, et nous sommes gens à nous entendre, à la condition d'apporter de part et d'autre à la discussion du bon sens et de la bonne foi.

Le mandat politique, — le mot *impératif* me paraît impropre, je dirai pourquoi dans le cours de ce petit travail, — est-il un fétiche devant lequel il faut se courber sous peine d'être chassé du temple ? est-il un instrument d'oppression ? est-il humiliant pour celui qui l'accepte ? engage-t-il l'élu à tel point qu'il ne soit entre les mains de ses mandants qu'une marionnette dont ceux-ci tiennent les fils ? J'ai entendu toutes ces choses, et j'ai été sinon surpris, du moins affligé, de voir à quel degré d'exagération, de dénigrement ou d'absurdité pousse l'esprit de parti pris. C'est pourquoi j'ai pensé qu'il serait peut-être utile à la cause républicaine de traiter, au point de vue de la doctrine pure, cette question que quelques-uns jugent brûlante, et qui me paraît, à moi, en conformité absolue avec les grands principes de 89, qui sont notre force, et qui sont notre loi.

Puisse cette modeste étude réaliser ce que j'attends d'elle, témoigner à notre confrère le *Midi* de notre ardent désir de concorde et d'union, et, s'il se peut, le convaincre que le mandat politique bien entendu n'a rien d'épouvantable et de subversif.

E. P.

Nimes, 26 octobre 1874.

———

MANDAT POLITIQUE

I

Avant d'entrer dans le fond de la question, il est essentiel d'affirmer deux axiômes politiques, qui ne sont plus aujourd'hui contestés que par ceux qui, suivant des traditions de famille, ou par éducation, poursuivent le but impossible de faire rebrousser chemin à l'humanité.

La France est un pays démocratique. Qu'on le veuille ou non, c'est un fait inéluctable, et la preuve en est des plus simples.

En effet, un état aristocratique n'existe et ne peut vivre qu'à la condition expresse de contenir dans son sein une aristocratie : le bon sens l'indique et l'exige. «Or, le sentiment aristocratique consiste en ce point que l'homme qui a une origine aristocratique se considère lui-même davantage à cause de cette origine, et que ses concitoyens, ressentant la même impression que lui, le considèrent aussi davantage et lui accordent quelque chose de plus qu'au commun des mortels.» (1) En d'autres termes, un état aristocratique, par le seul fait de son règne, consacre tout un système de priviléges et d'inégalités sociales, tels que, par exemple, interdiction de mariage entre la classe supérieure et les autres classes, impossibilité pour ces dernières d'atteindre à certaines magistratures civiles ou militaires, inégale répartition des charges publiques, droits exceptionnels acquis par la naissance et transmis par l'hérédité, au profit d'un petit nombre, etc.

Jusqu'au jour de notre Révolution, la France a été aristocratique ; la nuit du 4 Août a commencé la brèche et le jour où la Déclaration des droits de l'homme est devenue le pacte fondamental de la nation, l'aristocratie n'a plus existé que dans l'histoire et à titre de souvenir. Cette déclaration des droits, magnifique et glorieuse expression des principes philosophiques du XVIIIe siècle, décrétait, par l'organe de la Convention nationale, l'égalité politique des citoyens et l'accessibilité de tous aux fonctions publiques. « *Les peuples libres, disait-elle, ne connaissent d'autres motifs de préférence dans leurs choix que les vertus et les talents.* »

La conséquence naturelle et forcée de cette Déclaration des droits de l'homme, a été la transformation complète et définitive de la vieille société française ; elle devait lui infuser un nouveau sang, un nouvel esprit.

Quand une nation a connu la douceur de l'égalité, cette douceur accessible aux plus faibles intelligences, elle ne peut renoncer à ce plaisir, et, pour me servir des expressions d'un publiciste éminent, on verrait plutôt un fleuve remonter vers sa source qu'une société dé-

(1) Prévost Paradol, *La France nouvelle.*

mocratique refluer vers l'aristocratie. Aussi le général Foy a-t-il pu s'écrier avec raison dans la séance du 1er mars 1821 : «l'aristocratie a perdu racine en France ; on ne l'y fera pas revivre. »

Ce premier point établi, le second ne souffre pas de discussion ; car il en est le corollaire obligé. La souveraineté nationale est le principe de gouvernement d'un état démocratique.

La Déclaration des droits l'affirme en ces termes : « *La souveraineté nationale réside essentiellement dans le peuple entier, et chaque citoyen a un droit égal de concourir à son exercice ; elle est une et indivisible, imprescriptible et inaliénable.*

Le peuple, c'est-à-dire l'universalité des citoyens, et non pas comme voudraient le faire entendre les ennemis de la République, la partie de la nation la moins riche et la moins éclairée, le peuple qui commence au prolétaire pour finir aux *ci-devant* de l'ancien régime en passant par la haute finance et la bourgeoisie, le peuple, en d'autres termes l'ensemble de tous les citoyens majeurs qui ne sont point entachés d'infamie, est, et sera toujours, l'unique, le vrai souverain.

Mais le peuple, qui seul a qualité pour se gouverner, pour diriger ses affaires, pour statuer sur toutes les questions gouvernementales ou sociales, pour contrôler les actes de ses agents, ne peut pas, en raison du nombre considérable d'individus qui composent la grande famille politique, manifester son opinion, à chaque jour, à chaque heure ; les événements se pressent avec une rapidité prodigieuse, et consulter sur chacun d'eux le souverain devient une impossibilité absolue.

Le « démos » athénien pouvait bien discuter sur le forum, et arrêter les faits et gestes de sa politique ; le « démos » français s'appelle légion, et son forum, eût-il l'étendue d'un département, serait encore insuffisant pour le contenir. Et d'ailleurs, la voie plébiscitaire est pleine de périls ; qui de nous l'ignore aujourd'hui ?

Donc le peuple, pour faire acte de souveraineté dans toutes les circonstances de sa vie politique, a dû commettre à des citoyens reconnus dignes par lui, à tous les points de vue de capacité, de talent, d'intelligence et de probité, le soin de gouverner en son lieu et place, mais toutefois sans abdiquer pour cela sa souveraineté, qui est, ne l'oublions jamais, *inaliénable et imprescriptible*, aux termes de la déclaration des droits.

L'acte grave, important, par lequel il délègue son pouvoir, porte un nom dans notre langue juridique ; il se nomme un *mandat*. Les citoyens élus par lui sont ses représentants, ses fondés de pouvoir; rien de moins, rien de plus. Voyons donc quelle est l'étendue de ce mandat, quels pouvoirs il confère, dans quelles conditions il s'exerce et comment il s'éteint.

II

« Le mandat ou procuration est un acte par lequel une personne donne à une autre le pouvoir de faire quelque chose pour le mandant et en son nom.

» Le contrat ne se forme que par l'acceptation du mandataire. »

Tels sont les termes du Code civil, qui n'a fait que réglementer un usage vieux comme le monde; car de tout temps, l'homme empêché d'agir a fait appel au dévouement d'un ami pour le prier d'agir en son lieu et place, alors même qu'aucun usage, aucune coutume n'intervenaient pour déterminer les relations de droit qu'un pareil acte était susceptible d'entraîner.

Le conseiller d'Etat Berlier, chargé de soutenir le projet de loi devant l'Assemblée législative, dans la séance du 12 ventôse, an XII, commençait son rapport par ces judicieuses paroles qui seules auraient suffi pour démontrer la nécessité du mandat :

« S'il est dans les affections naturelles de l'homme et dans l'ordre commun de ses habitudes qu'il pourvoie lui-même à ses propres affaires, la maladie, l'absence, *les obstacles de tout genre qui prennent leur source et dans la nature et dans l'état social,* l'obligent souvent à confier à autrui ce que tant de causes viennent l'empêcher de faire en personne. »

Il serait puéril d'insister sur l'importance qu'a prise le mandat dans nos actes de chaque jour; mieux encore, l'homme agit rarement par lui-même, et dans des circonstances dont le nombre est infiniment restreint ; neuf fois sur dix, pour sa plus grande commodité, il donne à un tiers le mandat de le suppléer.

Appliquons maintenant à la politique ce qui dans l'ordre social n'est contesté par personne. De deux choses l'une : ou bien vous répudierez, comme contraire à nos mœurs politiques et à notre constitution, le principe de la souveraineté populaire, ou bien vous l'accepterez. Dans le premier cas, vous êtes monarchiste, vous affirmerez que le roi seul est souverain, s'il est absolu; avec son parlement, s'il est constitutionnel ; vous déclarerez que le peuple est bon à payer, et qu'il n'est digne d'être consulté qu'autant qu'il possèdera naissance ou fortune ; vous avez raison : le peuple n'est rien — puisque vous êtes tout, — le peuple n'a pas de mandat à donner, c'est le *vulgum pecus*, dont parle le poète, le vulgaire troupeau qu'il faut écarter, sinon haïr. Dans le second cas vous êtes obligés de reconnaître que le peuple est dans la situation énoncée par M. Berlier au commencement de son rapport ; le peuple est dans l'impossibilité absolue d'exercer *directement* sa souveraineté ; il a recours à des mandataires ; c'est son droit, et il en use. J'aimerais bien de savoir ce qu'il y a d'incorrect dans ce procédé.

Ces prémisses étant posées et acceptées, poursuivons nos déductions, suivant les lois de la logique la plus rigoureuse.

<h1 style="text-align:center">III</h1>

En nous servant des termes mêmes du Code, nous pourrions ainsi définir le mandat politique.

Le mandat ou procuration politique, est un acte par lequel les électeurs donnent à leur élu le pouvoir de faire quelque chose pour eux et en leur nom.

A cette définition qui est la reproduction exacte de l'article 1984 du Code civil, j'ajouterai ces mots : *suivant un programme concerté et arrêté entre eux.*

Le mandat n'est pas un blanc seing ; la plus vulgaire prudence le conseille. Quel est, je le demande, l'homme assez fou pour apposer sa signature au bas d'une feuille blanche, sans savoir par avance comment le corps de l'acte sera rempli ? — En matière commerciale, la lettre de change, par laquelle un tiers vous invite à payer pour lui, s'appelle aussi un mandat. Quel est le négociant qui apposerait sa signature au bas d'un mandat, sans faire connaître la somme pour laquelle il s'engage ? J'imagine que sa famille le ferait promptement interdire, si cette façon de faire était dans ses habitudes.

Ainsi donc le mandat doit être clair, certain, précis, exactement défini dans ses termes et dans son étendue ; les parties contractantes, doivent formuler leur consentement au contrat, préalablement élaboré, discuté, et définitivement arrêté entre elles.

Jusqu'au jour où le mandat impératif fit son apparition pour la première fois, — c'était, si je ne me trompe, en 1869, lors de l'élection de Gambetta par les électeurs de Belleville, — la rédaction de ce contrat appartenait seule au candidat. Cela s'appelait, je crois, une profession de foi. Le candidat donnait à son *factum* le tour qu'il voulait, dissimulait soigneusement ce qu'il avait intérêt à cacher, glissait adroitement sur les questions brûlantes, évitait ce qui pouvait le compromettre, et finalement parlait pour ne rien dire. Il est vrai que la candidature officielle était le pavillon qui couvrait sûrement cette marchandise, et qu'il importait peu de plaire aux électeurs, pourvu qu'on plût à Sa Majesté.

Heureusement, il n'est personne aujourd'hui, — je parle du parti républicain, — qui ne voie combien sont défectueux de semblables errements. Et la preuve la plus évidente que les professions de foi sont la plupart du temps oiseuses et insignifiantes, quand elles ne sont pas mensongères, c'est qu'au mois de septembre 1870, alors que le gouvernement de la défense nationale crut bon d'appeler les électeurs à nommer une Assemblée nouvelle, ayant mission de fonder un gouvernement ré-

gulier, — heureuse pensée qui, pour notre malheur ne
fut pas mise à exécution, — la plupart des membres qui
siégent à droite de l'Assemblée actuelle, firent des professions de foi républicaines, et sollicitèrent le vote des
républicains qu'ils combattent aujourd'hui. M. le mar-
quis de Castellanne est trop gentilhomme pour me
donner un démenti sur ce point.

Et d'ailleurs, il est contraire à toutes les règles qu'on
renverse l'ordre des facteurs. Est-ce au mandataire qu'il
appartient de rédiger le mandat ? Sait-il quelle est la
volonté du mandant ? En connaît-il à fond les vœux, les
aspirations, les besoins ? Non certes ; le mandataire qui
s'affirme au moyen de promesses ou de déclarations plus
ou moins venues du cœur, a tout l'air de s'imposer au
public, et il y va de la dignité du corps électoral de re-
pousser avec empressement et enthousiasme de tels
candidats, pour lesquels le mandat qu'ils sollicitent est
un moyen de faire leur propre affaire et non celle des
mandants.

La rédaction du mandat appartient donc de droit aux
électeurs. Par quel procédé, par quel système de délé-
gations, ou d'élections arriveront-ils à se concerter, de
telle façon que cette rédaction soit bien exactement et
véritablement la pensée de la majorité, l'expression des
desiderata du plus grand nombre, c'est une question
pratique, dont l'importance n'échappe à personne, mais
qu'il serait trop long de développer dans ce petit travail.
Cette question à elle seule mérite une étude longuement
et mûrement réfléchie ; à cette place elle nous entraîne-
rait trop loin, et nous écarterait de notre but.

Mais à côté du droit des électeurs, incontestable et
incontesté, de déterminer le contrat qu'ils entendent
passer avec leur mandataire, l'équité, la raison, la dignité morale de celui-ci lui donnent le droit non moins

certain de discuter les termes de ce contrat, qui lui est soumis. Il peut, s'il lui convient, faire supprimer telle ou telle proposition qui lui paraît inopportune, ou contraire à sa conscience ; il a voix délibérative au chapitre, et ce n'est que dans le cas d'un accord complet et sur tous les points qu'il appose sa signature au bas du contrat.

Les adversaires du mandat impératif ont bien ri, paraît-il, de cette signature donnée. « Ah ! le bon billet, se sont-ils écriés, qu'ont là les électeurs ! » — Oui, sans doute, si le mandataire infidèle laisse protester sa signature, il n'est pas d'autre tribunal que celui de l'opinion publique, qui puisse le juger et le condamner. Aussi, pour le moment du moins, et tant que nos lois ne contiendront pas de sanction pénale qui atteigne la déloyauté politique, nous nous confierons à l'honneur du candidat, et la signature n'aura d'autre but que d'affirmer l'acceptation du mandataire, aux termes de l'art. 1984, paragraphe 2 du Code civil. Nos adversaires sont libres de se pâmer de rire à ce grand mot d'*honneur* ; nous autres républicains, nous avons la faiblesse d'y croire, et nous nous en glorifions.

Ai-je suffisamment démontré ce qu'est le mandat politique, ou plutôt ce qu'il doit être ? Je l'espère. Au surplus j'ai exposé mes convictions en cette matière, et je veux les compléter par quelques critiques de détails sur la façon dont il a été mis en œuvre dans notre premier canton. Le programme politique, le mandat, dont la première partie relative à la politique générale me paraît irréprochable en tous points, porte le nom emphatique de *cahiers*.

Je ne veux blesser personne, et je m'empresse de reconnaître la louable intention de son auteur. Mais le terme me paraît impropre et prêter le flanc à la raillerie.

Les cahiers étaient le recueil des remontrances et des propositions adressées au roi par les trois ordres à l'ouverture des Etats généraux. Les premiers furent présentés aux Etats de 1355, présidés par le Dauphin pendant la captivité du roi Jean, et prirent le nom de *cédules*. Plus tard ils prirent le nom de *cahiers de condoléance* : c'est qu'en effet le peuple était si misérable, si torturé sous la main de fer des nobles et du clergé, que ses députés n'avaient qu'à choisir dans le récit volumineux de ses souffrances pour faire appel à Dieu et au Roi du despotisme et de l'injustice sous le fardeau desquels ployait la gent corvéable et taillable à merci. Enfin, en 1789, ils furent appelés *cahiers de baillages*, du nom des assemblées où ils étaient rédigés.

Sans doute les cahiers contenaient un mandat pour les députés du Tiers ; sans doute ils exprimaient la volonté et les besoins des électeurs. Mais, comme dit le proverbe, autre temps, autres mœurs. Nous sommes loin de cette sinistre époque où les cahiers étaient la seule arme du peuple, le seul moyen de revendication contre l'oppression et la tyrannie.

Les dénominations les plus simples me paraissent les meilleures, d'abord parce qu'elles visent moins à l'effet et ensuite parce qu'elles sont plus facilement compréhensibles pour la masse des électeurs. Nous n'avons pas la prétention de jeter de la poudre aux yeux, et d'éblouir par de grands mots et des phrases sonores. Le mot *programme* eût été aisément compris par tous ; le mot *cahiers* exige une leçon d'histoire pour neuf cent quatre-vingt-dix-neuf électeurs sur mille.

J'arrive au mot *impératif* donné à ce mandat. Le mot me plaît médiocrement en ce sens qu'il prête à l'équivoque, et qu'il tend à abaisser, dans l'esprit de quelques-uns, la dignité du mandataire. Si le mot est pris dans son sens grammatical et strict, il ne veut plus rien dire ; c'est un pléonasme.

En effet, le mot impératif signifie *qui commande, qui oblige.* Or le mandat par le seul fait qu'il est accepté oblige le mandataire à se conformer à toutes les prescriptions du mandat, commande à tous ses actes, le lie enfin aussi étroitement que possible. Le mot impératif n'ajoute donc rien au lien de droit que les parties contractantes ont créé entre elles, et il a l'immense défaut d'effrayer quelques-uns de nos amis.

Le mot *contractuel,* proposé par Victor Hugo, pour remédier à cet inconvénient, ne me semble pas plus heureux. Certes, je n'ai pas la prétention de faire la leçon au maître ; mais dans cette circonstance il a été mal inspiré, car le pléonasme est plus flagrant encore. Le mandat est un contrat, et le mandat politique en est un, le plus sacré de tous, puisqu'il n'existe pas encore de sanction pénale qui le fasse respecter.

Le mot de mandat *politique* était indiqué par sa cause, par son objet, par son but ; et, à défaut d'autres avantages, il avait ceux d'être clair et de n'épouvanter personne.

IV

Lorsque le candidat, par le vote de la majorité des électeurs, a été définitivement investi du titre de Conseiller général ou de Représentant du peuple à l'Assemblée nationale, quelle est l'étendue des pouvoirs qui lui sont conférés ? Est-il souverain ou homme-lige ? Ne relève-t-il que de sa conscience et de son caprice, peut-il voltiger de droite à gauche et de gauche à droite au gré de sa fantaisie et de ses intérêts, ou bien ne peut-il faire un pas, dire une parole, déposer un bulletin dans l'urne, sans consulter ses mandants ? Est-il omnipotent autant que le Czar ou le grand Turc à l'égard de leurs sujets, ou bien n'est-il qu'un automate, parfaitement articulé, qui se meut à volonté dès qu'on pousse tel ou tel ressort?

Ces deux thèses diamétralement opposées, mais également absurdes, ont cependant trouvé des partisans pour les soutenir.

La première, celle qui consiste à mettre le représentant au-dessus et en dehors des représentés, est de beaucoup la plus dangereuse, car elle ne tend à rien moins qu'à supprimer le principe de la souveraineté populaire, et à créer une oligarchie dans l'Etat, ce qui, personne ne l'ignore, est le secret désir de tous les doctrinaires présents, passés et futurs. Dire que le peuple, le souverain, abdique par le fait de l'élection entre les mains de ses mandataires, que sa souveraineté de droit passe sur leurs têtes en souveraineté de fait, que volontairement et sciemment il s'est donné des maîtres absolus ayant pouvoir de diriger ses affaires à leur guise, sans critique et sans contrôle, qu'il doit disparaître pendant un temps déterminé devant ceux à qui il a donné sa confiance, lesquels substitués à lui, seront les seuls souverains, c'est affirmer l'hérésie la plus monstrueuse, c'est souffleter avec audace et impudence notre glorieuse déclaration des droits.

C'est la théorie que professe la majorité des membres de l'Assemblée nationale actuelle. M. Thiers, dont je vénère le patriotisme, dont j'admire l'immense génie, a commis cette faute énorme de leur dire : « Vous êtes souverains ! » Par malheur, ils n'étaient que trop disposés à le croire !

Ils sont souverains, c'est-à-dire qu'ils écoutent d'un air de pitié et de mépris la voix de l'opinion publique qui leur crie depuis plus d'un an : « Votre mandat est expiré, vous ne nous représentez plus. » Ils sont souverains, c'est-à-dire qu'ils précipiteront le pays, si cela leur convient, dans les plus folles aventures, qu'ils ne se dissoudront que quand il leur plaira, et qu'en tout cas les injonctions de leurs mandants sont de plein droit nulles et non avenues, puisqu'elles se heurtent contre leur propre souveraineté. Tristes, bien tristes conséquences d'une affirmation émanant d'une parole aussi autorisée que celle de M. Thiers ! L'illustre homme d'Etat fut en cette circonstance au-dessous de sa tâche car si, au lieu de leur répéter qu'ils étaient souverains il les eût obligés à déterminer l'étendue et la durée de leur mandat, nous n'aurions eu ni le 24 Mai, ni la politique de combat.

Revenons donc aux principes, sans lesquels il n'y a plus qu'erreurs, fautes, crimes ou désastres. La Déclaration des droits est le *Credo* de tout Etat démocratique, et ses termes, en ce qui nous occupe, sont d'une clarté et d'une précision, qui ne laissent aucun doute dans l'esprit : « *la souveraineté populaire est inaliénable et imprescriptible.* » C'est pourquoi les élus du peuple ne sont et ne peuvent être que ses mandataires, respectueux observateurs du mandat qu'ils ont consenti, et toujours prêts à s'incliner devant l'unique souverain, le peuple, qui les a nommés.

La deuxième thèse. celle qui consiste à mettre l'élu sous la dépendance immédiate, absolue, permanente, tyrannique de quelques électeurs, offre moins de périls ; elle n'est que grotesque, et je doute qu'il se rencontre jamais un homme d'une valeur réelle qui consente à accepter une telle situation.

Si le mandant était un homme ou, une petite réunion d'hommes, il serait facile au mandataire de le voir souvent, de prendre ses conseils et d'agir sous son inspiration. Mais lorsque le mandant a soixante, quatre-vingt, cent mille têtes, lorsque le mandataire qui siège à Versailles est à cent lieues de lui, est-il possible que les rapports entre eux soient permanents et quotidiens ?

Admettra-t-on ce système que quelques-uns, s'arrogeant le droit de représenter la majorité des électeurs, et excipant d'une délégation apocryphe, aient pouvoir d'intimer des ordres au mandataire, et de réclamer sa démission en cas de refus ? Ce serait créer auprès de lui un conseil pareil à celui des Dix que l'aristocratie Vénitienne, soupçonneuse et jalouse, plaçait à côté du Doge ; ce serait agir vis-à-vis de lui comme agissaient les prétoriens à Rome vis-à-vis de l'Empereur ; ce serait en un mot de l'arbitraire, et du plus odieux despotisme.

Quelle est donc la doctrine vraie, conforme à l'équité à la raison, en même temps qu'aux principes démocratiques ? La formule en est bien simple : il s'agit simplement de concilier la dignité morale du mandataire, et les intérêts des mandants.

Le mandataire n'aura qu'un souci, qu'une pensée, c'est de réaliser les *desiderata* exprimés par ses électeurs ; ses travaux, son temps, son intelligence seront acquis à cette grande œuvre, dût-il sacrifier pour la faire triompher ses préférences, ses sympathies personnelles et ses intérêts. Il devra se tenir constamment, dans la ligne politique que lui aura tracée le programme consenti, sans chercher pour s'y soustraire des accomodements de conscience ou de futiles raisons ; il devra respecter scrupuleusement le contrat qu'il a volontairement signé en présence des électeurs, et qu'il a juré sur sa parole d'exécuter dans son intégrité absolue. En un mot il se montrera dans toutes circonstances homme loyal, homme d'honneur, se souvenant que le parjure politique est le plus abominable des parjures.

Mais, à ces conditions près, le mandataire sera libre d'agir comme bon lui semblera. Il sera seul juge de l'opportunité des propositions à présenter, de la forme à leur donner, des moyens de discussion à employer; il usera, à son choix, de telle ou telle tactique parlementaire, d'accord avec ses collègues, et suivant les évènements qui se produiront; il aura, comme on dit, ses coudées franches, pour faire ce qu'il croira le meilleur dans l'intérêt de la cause républicaine, et sa tâche ne lui sera ni lourde ni difficile, puisque les principes qu'il sera chargé d'affirmer et de soutenir, ne seront en définitive que l'expression de sa foi politique et de ses plus chères espérances.

V

« Tout mandataire est tenu de rendre compte de sa gestion...» Ainsi commence l'article 1993 du Code civil. Il suffit de formuler cette obligation concernant le mandataire civil, pour faire comprendre combien il est important qu'elle s'impose au mandataire politique.

Nos députés ou conseillers républicains ne se sont jamais refusés jusqu'à ce jour à rendre compte, en présence de leurs électeurs, de quelle façon ils avaient rempli leur mandat ; et d'ailleurs je ne vois pas quels prétextes ou quelles excuses ils auraient pu faire valoir pour s'y refuser.

Donc pas de difficultés à cet égard ; si j'insiste, c'est afin d'indiquer le moyen pratique qui me semble le meilleur pour faciliter au mandataire ce rendement de compte.

Est-il nécessaire que les élus d'un département visitent tous leurs électeurs, cantons par cantons, communes par communes, les réunissant en chaque lieu et recommençant chaque fois leur exposé ? Exiger d'eux un tel travail, une telle fatigue me paraît abusif. Sans doute les visites des députés dans les chefs-lieux de cantons sont fructueuses au point de vue de la propagande républicaine, et quand ils ne sont empêchés ni par le manque de temps, ni par la maladie, ils font une œuvre bonne et profitable en se mettant en communication directe avec ceux qui les ont envoyés siéger à l'Assemblée.

Mais ces visites que les électeurs accueillent toujours avec reconnaissance, ne peuvent leur être imputées à obligation sans excéder ce qu'on est en droit d'exiger d'eux.

Il est simple que, chaque année, le mandataire fasse un rapport écrit sur les faits saillants qui se sont produits à l'Assemblée, sur les questions qu'il a traitées, sur les votes qu'il a émis, sur les dangers de la situation, sur les espérances du parti, bref sur toutes les questions ressortant de son mandat. Ce rapport, détaillé, précis, complet, pourrait être tiré à cent mille exemplaires, et gratuitement envoyé à chaque électeur républicain par le soin des comités cantonaux. De la sorte personne ne serait en droit de dire, comme je l'ai pour ma part souvent entendu, que depuis la victoire électorale de M. X..., on en a plus entendu parler.

Ce moyen que j'indique, n'est pas obligatoire ; on peut en chercher et en trouver de meilleurs. Mais ce qui est obligatoire, c'est que le mandataire par n'importe quel moyen qu'il lui plaira, rende compte chaque année à ses électeurs de la gestion de son mandat.

VI

Tout ce que j'ai dit précédemment, relativement à l'obligation du mandataire, de respecter le mandat consenti, serait lettre morte, si cette obligation n'était pas accompagnée d'une sanction pénale, s'il n'existait pas un moyen légal pour faire respecter un engagement que rien ne forçait à prendre, en un mot, si la révocation ne pouvait pas atteindre le représentant du peuple infidèle à son mandat.

Je sais qu'en émettant cette théorie je vais soulever un *tolle* général. Nous sommes en France gens de routine et d'habitudes, et jusqu'à présent nous nous sommes faits si bien à la pensée de considérer nos mandataires comme des hommes hors ligne, au-dessus du commun des mortels, inattaquables dans leurs faits et gestes, et sacro saints pour la masse électorale, que je vais me faire lapider si je prétends qu'il *faut* les soumettre au droit commun.

Jamais l'analogie entre le mandat civil et le mandat

politique ne m'a paru plus flagrante, plus lumineuse que dans le cas présent ; la démonstration n'en est rien moins que difficile.

Le mandat, examiné dans ses parties essentielles, capitales, présente une double situation : d'un côté, le mandataire, substitué au mandant, agissant pour lui en son lieu et place, maître de faire, de dire, de donner, de recevoir, de consentir, d'aliéner, le tout aux termes d'une procuration donnée, homme d'affaires devant lequel l'intéressé direct s'efface, répondant valablement dans toutes les questions prévues par le contrat qu'il a consenti ; d'un autre côté, le mandant, qui laisse faire, mais qui surveille, et avec raison, puisque ses intérêts sont en jeu, qui conseille et encourage, qui applaudit et récompense, quand par l'intelligence et l'activité de son mandataire ses affaires prospèrent et fructifient, mais qui, armé du pouvoir de révocation, l'arrête court, quand ses affaires périclitent par suite d'incapacité, de négligence, de paresse ou de fraude.

Il n'est pas nécessaire d'être jurisconsulte pour savoir que supprimer le paragraphe 1er de l'article 2003 et l'article 2004 du code civil, relatifs au droit de révocation, c'est rendre le mandat impossible.

Quand vous avez mis en quelqu'un votre confiance, sur la foi de fallacieuses promesses ou de faux renseignements, quand il est avéré pour vous que votre choix a été détestable, que vos intérêts gérés par lui sont compromis gravement, que vous pouvez être par son fait spolié, volé, ruiné, vous trouveriez étrange qu'on vînt vous dire : « Tant pis pour vous, il fallait mieux choisir ! Vous avez donné à cet homme votre procuration, et il en abuse pour vous mettre sur la paille ? c'est un malheur, mais vous n'y pouvez rien, et légalement vous serez ruiné par lui. Vous êtes lié par un contrat indissoluble ; vous êtes sous la dépendanee absolue d'un coquin, qui fera de votre chose ce qui lui plaira, probablement la sienne propre. Tant pis pour vous ; il fallait mieux réfléchir avant de vous engager ! »

Si la loi vous tenait ce langage, vous le trouveriez certainement monstrueux, inique, abominable, vous répondriez que c'est le renversement de toutes les idées de morale et de justice déposées dans la conscience humaine, et vous auriez raison !

Eh bien, cet état de choses qui vous ferait tenir un langage aussi énergique s'il s'agissait de vos affaires privées, existe en matière politique, alors qu'il s'agit d'affaires bien autrement sérieuses et importantes. Le mandataire politique peut impunément, dans notre législation actuelle, se moquer de ses mandants ; ceux-ci sont désarmés en face de lui, ils n'ont, dans le cas d'inexécution des engagements contractés, qu'un simple droit de remontrance, juste autant que les Parlements vis-à-vis du Roi-Soleil, ce sinistre cagot dont le despotisme égalait l'orgueil.

Dira-t-on que le mandat politique n'est pas assimilable au mandat civil, que c'est un autre ordre d'idées, qu'on ne peut mettre sur le même plan, et par conséquent soumettre aux mêmes règles deux actes qui n'ont aucun rapport ?

Oui ; j'accorde qu'il y a entre ces deux mandats une différence considérable, c'est que dans le premier il ne s'agit pas de quelques milliers de francs ou de quelques immeubles comme dans le second, mais bien de la fortune du pays, de la législation, de l'industrie, de l'instruction du pays; c'est que le premier vise dans ses conséquences nos destinées futures ; c'est que suivant une bonne ou une mauvaise représentation nationale nous devons nous relever de nos désastres ou plonger plus avant dans le gouffre; c'est que l'intérêt du mandant en matière politique, est une question de gloire ou d'humiliation, de grandeur ou de misère, de progrès ou de décadence ; c'est que pour tout dire la vie de la France est en jeu.

O logique ! Un mandataire administre-t-il mal le petit pécule qui lui est confié? Vite, la loi vigilante et protectrice des intérêts donne au mandant le pouvoir de le casser aux gages et de le mettre dehors, sans qu'il ait besoin de formuler un motif. Un mandataire politique foule-t-il aux pieds ses engagements, compromet-il le salut de l'état, ou les finances de son département, devient-il fauteur de restauration monarchique, au risque de précipiter le pays dans une guerre civile, ou de nous mettre à dos nos redoutables voisins? La loi est muette, et les mandants dont il traduit si mal les intentions, dont il fait si mal les affaires, sont impuissants à le révoquer !

Le mandataire qui fait faillite, est déchu de son mandat. Cet article de notre Code a passé dans les traditions de nos assemblées électives ; le failli est reconnu indigne d'y siéger. Et cependant ces assemblées si chatouilleuses, et à juste titre, sur l'honorabilité des membres qui les composent, supportent journellement la présence des plus odieux faillis que je connaisse. Je veux parler de ceux qui manquent aux engagements qu'ils ont pris sur l'honneur, et qui profitent de l'absence de sanction pour violer ouvertement, cyniquement, le mandat qu'ils ont reçu. Ces apostats siègent avec nos honorables représentants, sans qu'il soit légalement possible de les chasser. Est-ce juste ? est-ce honnête? est-ce bien ?

Quelques-uns ont imaginé, pour parer à cette difficulté, de faire signer au candidat, avant l'élection, une déclaration aux termes de laquelle il s'engage à donner sa démission, au cas où elle lui serait demandée par les deux tiers des délégués représentant la collectivité de ses électeurs. Ce moyen me semble détestable; il est humiliant pour le mandataire et sans profit pour les mandants. Il est humiliant, parce que c'est un acte de méfiance contre lequel proteste la dignité de tout homme dont le passé politique est exempt de reproche ; il est sans profit pour les mandants, parce qu'il est illusoire. En effet, de deux choses l'une : ou bien le candidat est un homme d'honneur, ou bien il ne l'est pas ; dans le premier cas, il est inutile de lui faire signer une déclaration, car il exécutera son mandat aussi consciencieusement que possible, et en cas de désaccord avec ses électeurs, il sera le premier à se retirer, sans qu'on ait à l'exiger de lui ; dans le second cas, les électeurs auront beau signi.er à leur élu qu'il ait à remplir sa promesse et à démissionner, il leur rira au nez, et se moquera d'eux. Celui qui laisse protester sa signature en ce qui concerne l'engagement de consacrer toutes ses forces, tout son temps, toute son intelligence à la cause républicaine, la laissera infailliblement protester quand il s'agira d'une promesse de démission.

Le seul moyen d'arriver à moraliser le mandat politique, c'est d'introduire dans nos lois une sanction relative à son exécution, c'est d'armer les électeurs, du droit de révocation.

Je ne suis pas législateur, mais s'il m'appartenait de formuler un projet de loi dans cette affaire, ce ne serait ni long ni difficile. Cette loi, que je souhaite voir un jour promulguée, n'aurait qu'un article, ainsi conçu : « Toutes les fois que les électeurs d'un département réclameront par voie de pétition à l'Assemblée nationale la révocation de leur mandataire pour cause d'inexécution des engagements contractés par lui, et qu'ils représenteront en nombre la moitié plus un de ceux qui auront voté pour lui, cette révocation aura lieu de plein droit, et les électeurs seront convoqués par décret du président de la République, à l'effet de nommer un autre député dans le délai de.... à compter du jour où l'Assemblée aura prononcé la dite révocation. » Il en serait de même pour les élections cantonales aux Conseils généraux.

Mais tant que nous n'aurons pas obtenu ce moyen, le seul vraiment efficace, de faire respecter la souveraineté populaire, il faut bien l'avouer, nous n'avons pas d'autre ressource que de bien choisir nos mandataires, de nous adresser à des hommes éprouvés, dont le passé politique nous garantisse l'avenir, d'éliminer avec soin tous les candidats douteux, sortes de caméléons changeants, funestes aux partis qu'ils déclarent servir, et puis.... de nous fier à leur honneur, à leur parole, à leur probité.

Allons de l'avant, mais soyons pratiques ; et pour atteindre une plus grande mesure de loyauté politique, ne proposons que des moyens sûrs, quelque énergiques qu'ils soient, mais qui ne blessant ni la dignité morale ni la juste susceptibilité du mandataire, seront néanmoins efficaces pour garantir et protéger ce principe inscrit dans notre *Credo* politique :

« *La souveraineté du peuple est imprescriptible et inaliénable.* »

VII

Un mot encore avant de finir !

Nos adversaires ont fait des gorges chaudes du mandat politique, patroné par nos amis ; ils ont déclaré qu'il était humiliant, qu'il asservissait l'acceptant au point d'en faire un être subalterne, un domestique, une machine à voter.

Je crois avoir répondu en démontrant ce qu'était le mandat politique. — Il n'a rien d'humiliant, puisqu'il est librement consenti, librement accepté. Il donne au contraire au mandataire une plus haute idée de lui-même puisqu'il lui fait entendre qu'on l'a choisi comme le plus intelligent, le plus digne, le plus capable de tenir haut et ferme le drapeau de la République.

Mais sont-ils si fort indépendants, ceux qui gouaillent avec tant d'assurance ? et ne subissent-ils aucun mandat impératif, autrement plus humiliant que celui qu'ils combattent ? Les uns vont à Chislehurst prendre le mot d'ordre, et reçoivent tout dressé un plan de campagne ou de conduite ; les autres s'agenouillent devant le Prisonnier du Vatican, et vont répandre partout ses ordres souverains. Frohsdorf et Chantilly font assaut d'intrigues, et les familiers de ces deux Cours en espérance calquent sur leurs puissant seigneurs et maîtres leurs gestes, leurs dires et leurs actions.

Il existe une Société puissante que l'Allemagne a chassée, dont l'Italie se débarrasse, et qui nous enserre dans un vaste réseau. Cette Société qui, selon la parole d'un homme illustre, ne s'occupe des intérêts du ciel que pour être plus puissante sur la terre, qui, semblable à Protée, prend mille formes pour mieux exercer sa domination, qui, sous les noms divers de Congrégation, de Propagation de la Foi, de Missions, etc., n'est autre que le *Gesù*, tout puissant au Vatican, tout puissant, hélas! dans notre pauvre France, cette Société, dis-je, réclame de ses membres un dévouement absolu, aveugle, sans discussion, sans arrière-pensée. Elle annihile l'être intelligent, pour ne faire de lui qu'un instrument entre les mains de la redoutable Compagnie.

Perindè ac cadaver, comme un cadavre : voilà ce que doit être, par ordre, celui qui s'affilie à elle, qui entre dans ses rangs.

Voilà le véritable mandat impératif, celui qui abaisse, qui humilie, qui dégrade. Je le demande à nos adversaires, combien d'entre eux ne le subissent pas? Combien s'en affranchissent? — Si ce mandat les honore, ls ont mauvaise grâce à nous critiquer, nous qui n'acceptons qu'un mandat librement discuté, compatible avec notre foi et notre conscience.

Quant à la déclaration exigée avec la signature du candidat, j'estime qu'ils n'ont pas toujours fait fi de ce petit moyen.

C'était dans les premiers jours de février 1871 : un homme, qui est devenu depuis un haut et puissant personnage, aspirait à être porté sur la liste légitimiste du département. Certaines variations politiques le faisaient tenir en défiance, et ses rêves étaient sur le point de s'évanouir quand son étoile voulut qu'on lui proposât d'écrire et de signer une déclaration qui faisait de lui l'homme lige du parti. Inutile de dire qu'il signa avec joie ce « bon billet, » que depuis il sut ravir adroitement au dépositaire.

Cette anecdote, comme une morale de fable, prouve que les petits papiers, inutiles entre gens d'honneur, ne valent rien avec des habiles, et que la parole d'un homme loyal est préférable à la signature d'un mauvais débiteur.

Nimes, imp. ROGER et LAPORTE, place Saint-Paul, 5. — 11-74.

www.ingramcontent.com/pod-product-compliance
Lightning Source LLC
Chambersburg PA
CBHW061753060726
47597CB00007B/2909